ENCUENTRA TU CALMA

UN ENFOQUE CONSCIENTE PARA ALIVIAR LA ANSIEDAD Y CRECER TU VALENTÍA

Gabi Garcia

ilustrado por Marta Pineda

La ansiedad puede sentirse grande y poderosa. Puede aparecer inesperadamente, sin previo aviso. Me asusta.
A veces, parece acompañarme a todas partes.

En clase, trae un revoltijo de pensamientos corriendo por mi cabeza. Es difícil pensar con claridad.

Antes de subir al autobús escolar, siento que mi cuerpo se mueve en diferentes direcciones.
Es abrumador.

En el consultorio del doctor, me congelo.
Es demasiado lidiar con esta situación.

Cuando la ansiedad llega como un trueno, puede sentirse atemorizante ...
Pero he aprendido qué debo hacer.

Papá me explico que sentir ansiedad o preocupación es normal. Todo el mundo se siente así a veces. Es la forma en que nuestro cuerpo y nuestro cerebro nos dejan saber que hay peligro.

Estos sentimientos pueden ser útiles si realmente hay una amenaza, pero la mayoría de las veces es una falsa alarma. No estamos en peligro. Así que necesitamos volver a sentir una sensación de seguridad para encontrar nuestra calma.

Hay diferentes cosas que hago para ayudarme a sentir seguridad.

Miro a mi alrededor y busco recordatorios de seguridad. Grandes o pequeños.

Una cara amigable, un color o una forma, un árbol, una flor o cualquier otra cosa en la que mis ojos caigan que me resulte familiar, reconfortante o calmante.

También uso mis otros sentidos para darme cuenta de mi entorno.

Puedo prestar atención a lo que oigo, huelo, toco o pruebo.

Esto ayuda a mi mente y cuerpo a concentrarse en lo que está sucediendo en este momento.

Presto atención a mi
respiración.
Inhalo y exhalo.
No hay prisa.

"No hay peligro".

Me siento capaz de prestar atención a cómo aparece la ansiedad en mi cuerpo.

Siento el PUM, PUM, PUM de mi pecho mientras espero mi turno en la presentación de clase.

Noto el APRETÓN en mis hombros antes de subirme al autobús escolar.

Presto atención al TEMBLEQUEO de mis piernas cuando es mi turno de ver al doctor.

Pero la ansiedad no se hace cargo.

Siento mis pies en el suelo.
Siento el peso de mi cuerpo
conectado a la tierra debajo de mí.
Mi respiración se profundiza.
Mi cuerpo se apacigua. Mis hombros
se relajan.

Ya no estoy inmóvil. Poco a poco, me
preparo para moverme y descubrir lo que
necesito.

Mis pensamientos se calman.
"Puedo hacer esto."

Mi valentía CRECE.
Siento su fuerza en mis piernas y luego me doy cuenta cuando se extiende a mi pecho. Me paro más poderosamente. Me muevo con más confianza.

"Estoy bien. Estoy a salvo."
Mi cuerpo late con el ritmo de la valentía.

Tenía nervios de hablar delante de la clase, pero lo hice.

La inyección me dolió, pero la superé.

Viajar en el autobús escolar fue difícil al principio, pero me siento con orgullo porque ahora lo hago todos los días.

La ansiedad todavía irrumpe a veces, pero sé qué hacer. Uso mi respiración y mis sentidos para sentirme seguro en mi cuerpo y encontrar la calma.

Cuando hago esto, mi valentía crece, y yo sé: puedo superar esto.

A veces lo logro por mi propia cuenta y a veces con la ayuda de alguien en quien confío

ACTIVIDADES DE ATENCIÓN

La ansiedad es una emoción normal que todos sienten. Sin embargo, a veces puede sentirse abrumadora y evitamos cosas que queremos o necesitamos hacer.

Actividades de atención son útiles durante esos momentos porque ayudan a calmar nuestro cuerpo y nuestros pensamientos acelerados. Tambien nos ayudan a enfocarnos en lo que está sucediendo en nuestra mente y cuerpo en el momento presente. Esto puede ayudarnos a sentirnos más tranquilos, para que podamos averiguar qué hacer.

A continuación, hay algunas actividades que puedes probar. Practícalas y toma nota de cuáles te gustan y trabajan mejor para ti. Practicarlas a lo largo del día puede ayudar a enseñarle a tu cerebro y tu cuerpo que estás seguro cuando la ansiedad envía una falsa alarma.

BUSCA SEGURIDAD

Lentamente gira la cabeza y los ojos y observa lo que hay a tu alrededor. Deja que tus ojos caigan en lo que te llame la atención. Puede ser una cara amigable, un color o una forma, o cualquier otra cosa en la que tus ojos caigan, que te resulte familiar, reconfortante o relajante.

USA TUS SENTIDOS: 5-4-3-2-1

Usa tus sentidos para tomar conciencia de tu entorno.

Nombra 5 cosas que puedes ver.

Nombra 4 cosas que puedes sentir.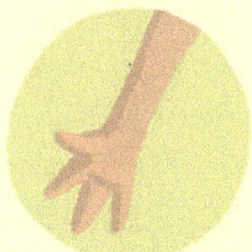

Nombra 3 cosas que puedes escuchar.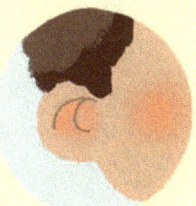

Nombra 2 cosas que puedes oler.

Nombra 1 cosa que puedes probar.

RESPIRA

Observe tu respiración. Inhala y exhala. Coloca tu mano sobre tu vientre. Observa tu mano a medida que se mueve hacia arriba y hacia abajo. Imagina que estás llenando un globo y deja que tu respiración llene todo tu cuerpo.

CONECTA CON TU CUERPO

Párate y siente tus pies presionando firmemente contra el suelo. Observe la conexión entre tus pies y el suelo debajo. Siente el peso de tu cuerpo.

Siéntate en una silla y observa dónde está apoyando tu cuerpo. Presta atención al lugar donde tu cuerpo hace contacto con la silla y permite que te apoye.

NOTA LAS SENSACIONES

Todos experimentan ansiedad de manera diferente. Presta atención a cómo se siente para ti.

¿Dónde aparece en tu cuerpo?

Observa los latidos de tu corazón, tus músculos, tu barriga o la temperatura de tu cuerpo cuando sientes ansiedad.

Presta atención a cómo cambian las sensaciones.

Todos experimentan una sensación de calma y seguridad. Es igualmente importante prestar atención a como se siente para ti.

¿Dónde aparece en tu cuerpo?

Observe los latidos de tu corazón, tus músculos, tu barriga o la temperatura de tu cuerpo cuando te sientes seguro, tranquilo o en paz.

Presta atención a lo que es para ti saber que estás bien.

Recuérdate:
"Siento seguridad."
"Siento calma."
"Siento tranquilidad."

CÓMO OFRECER APOYO

Para muchos niños, la experiencia de ansiedad (pensamientos acelerados, fuertes latidos de corazón, estómago nervioso, piernas temblorosas, dificultad para respirar, etc.) puede ser abrumadora, lo que les dificulta (o imposibilita) acceder a su cerebro "pensante" para que pueden averiguar lo que necesitan o qué hacer a continuación.

Si bien es importante enseñar a los niños sobre el impacto que tienen sus pensamientos al relacionarse con la ansiedad, muchas veces, antes de que puedan llegar a la etapa de diálogo interno, necesitan encontrar la calma. Esto se puede lograr cuando experimentan una sensación de seguridad en sus cuerpos.

Encuentra tu Calma introduce a los niños al concepto y la práctica de buscar la seguridad en su entorno (orientación) y de utilizar sus sentidos y su respiración para que se enfoquen en lo que está sucediendo en el momento presente. Estas actividades de atención pueden ayudar a comunicar a sus sistemas nerviosos que están seguros, estableciendo sus pensamientos y permitiéndoles a buscar lo que necesitan, ya sea solos o con la ayuda de un adulto en el que confían.

Ellos también pueden prestar atención a cómo se siente la ansiedad en sus cuerpos y notar que cambia hacia la calma, la valentía o cualquier otra experiencia. Cuando los niños pueden aprovechar una sensación de seguridad en sus cuerpos y sentirse conectados al momento presente, su sistema nervioso se vuelve más resistente.

Encuentra tu Calma no es un sustituto de la terapia, pero espero que pueda servir como un recurso para apoyar a los niños que experimentan ansiedad para que puedan aprender a acceder a cómo se sienten la seguridad y la calma. Las actividades presentadas en el libro se pueden practicar antes de estar en un estado de ansiedad o agobio. Esto les permitirá aprenderlos para que puedan decidir cuáles les gustan más y puedan estar más en sintonía con cómo se siente la seguridad y la tranquilidad para ellos.

Sinceramente,
Gabi

Visite gabigarciabooks.com para obtener una guía de recursos gratuita que acompaña a este libro.

Gabi García es una madre, consejera profesional y autora de libros. Pasó los últimos 20 años aprendiendo de los niños que sirvió en las escuelas públicas, algo por lo que está inmensamente agradecida.

Gabi escribe libros que brindan apoyo a padres, maestros y cuidadores para educar niños que sean conscientes, social y emocionalmente. Ella vive con su familia en Austin, Texas.

Si este libro ha sido útil, agradecería su sincera reseña!

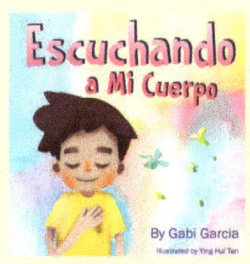 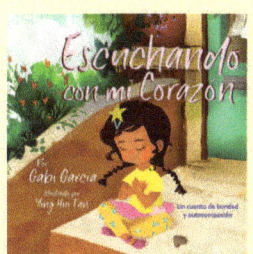 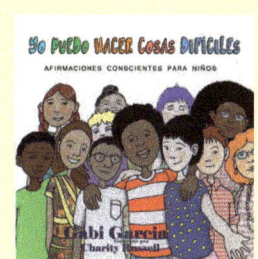 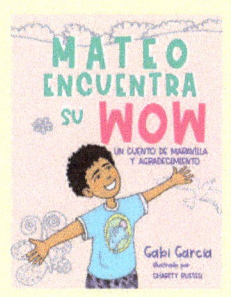 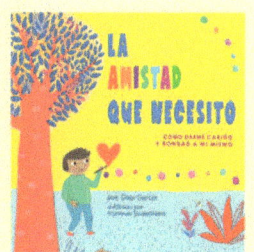

Otros libros de Gabi Garcia
TODOS LOS TÍTULOS DISPONIBLES EN INGLES

Hola, soy Marta Pineda, residente en Madrid, más conocida en instagram como @Martosauriuss20, cuenta en la que he creado una gran familia con más de 6.000 seguidores. Ilustradora a tiempo completo y madre emprendedora.

Desde que fui madre sentí un fuerte interés por los cuentos infantiles ilustrados, y me pasó por la cabeza la idea de ser yo quien ilustrase esos cuentos que luego le contaría a mi hija. Así pues comencé a hacer cursos de ilustración infantil y a meterme de lleno en este nuevo mundo plagado de posibilidades.

Todo lo que sé sobre encuadres, composición y color es gracias a mis estudios en Bellas Artes y Fotografía Artística

Dedicado a todos los niños que hacen crecer su valentía todos los días.

Spanish translation
Copyright © 2020 by
Gabi Garcia Books, LLC
gabigarciabooks.com
Illustrations by Marta Pineda
All rights reserved.
ISBN: 978-1-949633-33-7 (hardcover); ISBN: 978-1-949633-15-3 (pbk.); ISBN: 978-1-949633-16-0 (ebook)

902 Gardner Road no. 4
Austin, Texas 78721

skinned knee
publishing

www.ingramcontent.com/pod-product-compliance
Lightning Source LLC
Chambersburg PA
CBHW041216240426
43661CB00012B/1057